Applaus für das Leben

Phil Bosmans

Applaus für das Leben

HERDER

FREIBURG · BASEL · WIEN

Zu diesem Buch

Das Leben ist kurz.
Für viele Menschen ist es voller Probleme.
Die Mehrheit der Menschen hat kein Leben.
Darum ist es so wichtig, das Leben zu feiern,
das Leben zu schützen
und gegen Leiden und Tod zu kämpfen.

Millionen, Milliarden von Menschen werden täglich mit Gewalt und Hunger konfrontiert. Das sehen wir jeden Abend im Fernsehen, das finden wir schrecklich, unerhört und unbegreiflich. Und doch ändert sich nichts! Unterdrückung und Kriege gehen weiter, das Quälen und Morden hört nicht auf.

Wir alle werden regelmäßig alarmiert, dass nicht nur Wasser, Luft und Erde, drei Grundvoraussetzungen von Leben, immer weiter verschmutzt werden, sondern dass auch die natürlichen Rohstoffe und Lebensreserven rücksichtslos erschöpft werden. Eine dramatische Situation für alles Leben auf der Erde, denn es gibt keine zweite Arche Noah.

Man fängt an, Fragen zu stellen, aber man stellt die falschen Fragen. Man fordert mehr Politik, mehr Gefängnisse, mehr Heime, Auffanglager und andere Notlösungen, als ob Service für Menschenreparatur die Ursachen beseitigen könnte. Das Kernproblem, die eigentliche Frage heißt: Was fehlt den Menschen, dass sie unglücklich sind, dass sie fliehen, dass sie Drogen suchen, dass sie kriminell werden?

Den Menschen fehlt etwas,
was sich mit Geld nicht kaufen lässt:
Liebe, Freude, Friede, Früchte des Geistes.
Wer keine Liebe erfährt,
wer keine Freude kennt und keinen Frieden hat,
der hat auch kein Leben.

Unsere Welt wird immer kleiner. Unsere Welt ist ein Dorf geworden. Aber jetzt kennen wir die Grenzen. Wir wissen, wie empfindlich, wie verletzlich alles ist. Viel Natur, viel Schönheit, viel Leben ist schon unwiderruflich verloren gegangen durch den Machtwahn des Menschen. Diese Welt ist mit Vernunft und Verstand, mit Wissenschaft und Technik, mit endlosen Konferenzen nicht mehr zu retten.

Der Lebensstil der modernen Gesellschaft ist gekennzeichnet durch eine animalische Gier, die in keinem Verhältnis mehr steht zu den gewöhnlichen menschlichen Bedürfnissen. Der Mensch ist entwurzelt. Er ist sich selbst und der Natur entfremdet. Er hat sein Gedächtnis verloren. Er weiß nicht mehr, woher er kommt und wohin er geht, er lebt ohne Grund und ohne Perspektive. Er hat alles an sich gerissen und kann nichts mehr wirklich genießen.

Der Mensch hat keine Ahnung mehr von Tag und Nacht, von Himmel und Erde. Er weiß nicht, was Menschsein bedeutet, und versteht nichts von Liebe und Zärtlichkeit. Sein tiefstes Inneres ist beherrscht von Dunkel und Sinnlosigkeit. Da besteht keine Aussicht mehr auf Zukunft. Da gibt es keine Träume, keine Ideale mehr. Da herrscht keine Lust am Leben mehr, nur noch geistige Verödung und Verblödung.

Der Mensch ist bis ins Denken hinein Materialist geworden. Geistiges Denken wird verdrängt durch technisches und kommerzielles Denken, durch Machtdenken und Konsumdenken. Wir stehen vor einer geistigen Öde wie noch nie in der Geschichte. Menschen leben und sterben heute zwischen Asphalt und Beton, sie hetzen sich den ganzen Tag ab und hängen abends halbtot vor der Glotze. Sie stecken voller Probleme, immer auf der Suche nach einem „Kick".

Die Welt, in der wir leben, ist eine geistige Wüste geworden.
Damit dürfen wir uns nicht abfinden.
Wir müssen die Wüste ändern.
Auch wenn sich jeder so machtlos fühlt,
können wir alle doch anfangen mit einer kleinen Oase.

Wir brauchen einen neuen Frühling, einen Frühling des Geistes, einen Frühling des Herzens. Wir müssen aufstehen. Aufstehen aus der Nacht der Mutlosigkeit und Lebensmüdigkeit zu einem neuen Morgen voller Sonne, voller Vögel und Blumen und voller Freundschaft. Wir müssen aufwachen aus dem Winterschlaf unseres lustlosen Daseins zu einem neuen Anfang, zu neuer Begeisterung, zu einem neuen Leben. Wir müssen neu begeistert sein, voll von Enthusiasmus.

Applaus für das Leben!
Das heißt:
Applaus für Himmel und Erde,
für Tag und Nacht,
für den Mut zum Menschsein,
für Herz und Humor,
für dich und die anderen,
für Liebe und Zärtlichkeit,
für eine neue Welt.

Applaus
für Himmel und Erde

Die Sonne geht an keinem vorbei.
Sie lässt auch dich nicht liegen,
wenn du dich nicht im Schatten verkriechst.
Sieh die Lerche am Himmel, wie sie singt.
Warum? Weil sie keine Miete zahlen muss!
Sieh in den Himmel und singe,
weil dir die Sonne umsonst scheint.

Unsere Erde ist ein wunderbarer Wohnplatz.
In der ganzen Schöpfung gibt es
einen geheimnisvollen Zusammenhang von allem.
Alles ist miteinander verbunden.
Ein wunderbares Gewebe.
Tausende von feinen lebendigen Fäden
verbinden Menschen mit Menschen
und mit der ganzen Natur:
mit den Wolken hoch am Himmel,
mit dem Wasser in den Flüssen,
mit den Vögeln in der Luft,
mit den Fischen im Meer,
mit den Tieren auf dem Land,
mit Blumen und Bäumen,
mit den bunten Schmetterlingen
und den kleinen Käfern bis hin zu den Millionen
von beinahe unsichtbaren Lebewesen
über und unter der Erde.

Die Menschen, die Tiere, die Bäume,
alle atmen dieselbe Luft,
leben von derselben Sonne
und ernähren sich von den Früchten
derselben Mutter Erde.
Jeder Anschlag auf die Natur
ist ein Anschlag auf den Menschen selbst.
Wer das natürliche Gleichgewicht
auf unserer Erde zerstört,
macht aus unserem wunderbaren Wohnplatz
eine dürre Wüste.

Ein Mensch kann nicht auf Erden leben,
wenn er nicht in Kopf und Herz
ein Stückchen Himmel hat.

Je mehr ich in den Garten gehe,
je mehr ich die Heilkräuter betrachte,
desto mehr entdecke ich,
wie die Natur voller Wunder ist.
Wir leben in einem Stückchen Paradies.
Aber wenn ich dann sehe,
wie unsere Welt Stück für Stück
von Menschen zerstört wird,
dann habe ich Angst,
dass Gott einen Fehler gemacht hat.
Er hat eine herrliche Welt geschaffen.
Er hätte sie nur nicht
den Menschen in die Hände geben sollen.
Die haben daraus einen Schutthaufen gemacht.

Seltsames, unbegreifliches Menschenleben. Es gibt Tage, da scheint die Sonne und du weißt nicht warum. Du bist zufrieden. Du siehst die guten, schönen Seiten des Lebens. Die Arbeit geht dir von der Hand. Alle sind freundlich zu dir. Du weißt nicht warum. Vielleicht hast du gut geschlafen. Vielleicht hast du einen guten Menschen gefunden und fühlst dich verstanden, geborgen. Du denkst: So soll es bleiben, dieser Friede, diese tiefe Freude.

Doch auf einmal ist alles anders. Als ob eine überhelle Sonne die Wolken anzieht – derart fällt Trauer über dich, unerklärlich. Dir erscheint alles schwarz. Du meinst, dass die anderen nichts mehr an dir mögen. In Belanglosigkeiten suchst du Gründe, um zu nörgeln und zu jammern, um zu beneiden und anzuklagen. Du denkst: So wird es immer weitergehen. Und du weißt nicht warum. Vielleicht bist du müde. Du weißt es nicht.

Warum muss das so sein? Weil der Mensch ein Stück Natur ist, mit Frühlingstagen und Herbsttagen, mit der Wärme des Sommers und der Kälte des Winters. Weil der Mensch dem Rhythmus des Meeres folgt: Ebbe und Flut. Weil unser Dasein eine ständige Wiederholung von Leben und Sterben ist. Wenn du das begreifst, kannst du wieder weiter mit Mut, voller Vertrauen, denn dann weißt du: Auf jede Nacht folgt ein neuer Morgen. Wenn du dazu ja sagst, wenn du das hinnimmst, wirst du durch dieses Auf und Ab zu immer größere Lebenstiefe, zu immer größerer Lebensfreude kommen.

Der Kalender voller Termine,
Hetzjagd von einer Verabredung zur anderen?
Lebensmüde und eingeschlossen
in einer engen Welt von Dingen,
die übertrieben oder überflüssig sind?
Geh in den Wald!
Da warten die Bäume auf dich.
Herrliche Bäume, die schweigend
von der Stille zehren und von dem Saft,
der bis in die letzten Zweigspitzen steigt.
Da singen Vögel für dich.
Geh in den Wald!
Leg dich unter einen Baum,
steck einen Grashalm in den Mund
und genieße seliges Nichtstun.
Dann kommen die besten Gedanken
und die schönsten Träume über dich.
Dann verschwinden die Probleme,
die du hinter deinen Wänden hast.

Willst du mit einem Baum vertraut werden,
dann schau gut hin, was er dir zeigt.
Du wirst seinen Reichtum und seine Armut sehen:
sein Erwachen und Blühen im Frühling,
seine Früchte im Sommer,
sein Sterben im Herbst
und sein Totsein im Winter.
Willst du mit einem Baum vertraut werden,
dann vergreife dich nie an seinen Wurzeln,
sonst stirbt er für alle Zeiten.
So ist es auch mit dem Menschen.

Nur Wasser kann eine Wüste verwandeln.
Wasser ist Leben.
Liebe ist lebendiges Wasser.

Lieber Mensch, dir wurde alles in die Hände gelegt,
alles Leben wurde dir anvertraut.
Du hättest Gärtner sein können in einem Paradies,
in dem lauter Blumen für dich gratis blühen.
Aber du hast deine Hände zu Riesengreifern
gemacht und deine Füße zu Riesenbaggern,
damit überall dein Denkmal aus Stahl und Beton
entsteht, zu deinem Lob und Preis.
Nun sitzt du eingezwängt da,
tot zwischen tausend toten Dingen,
und suchst verzweifelt die Pille zum Leben.

Jedes Saatkorn ist ein reiches Versprechen,
es trägt eine ganze Welt in sich.
Es trägt das Versprechen des blühenden Korns
über goldgelben Feldern:
Scheunen voll Korn, Brot für die Menschen.

Ein Saatkorn ist wie ein Gebet,
das ein Mensch in der Nacht ausspricht.
Es liefert sich an geheimnisvolle Kräfte
der Mutter Erde aus,
wo es in einer stillen Umarmung sterben wird,
um in Fruchtbarkeit zu neuem Leben aufzubrechen.

Das Saatkorn trägt in sich
das große Geheimnis von Leben und Sterben,
von Stille, Einfachheit, Verborgenheit.
Es überlässt sich der Dunkelheit der Erde.
Es fühlt die Wärme der Sonne.
Es trinkt den Segen des Regens.

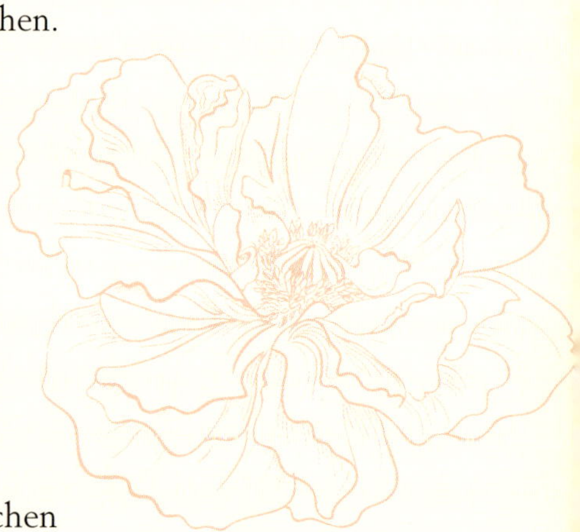

Das Saatkorn sieht die Ähre nicht,
aber es glaubt daran.
Der Weg des Saatkorns ist der Weg jedes Menschen
zur Fruchtbarkeit und Reife.

Ein Grashalm zaubert den Frühling nicht herbei.
Aber so viel Kraft hat er,
um mit seinem Leben den toten Asphalt zu durchbrechen.
Eine Wüste kann ich nicht an einem Tag verändern.
Aber anfangen kann ich mit einer Oase.

Liebe Natur, bleib uns Menschen nahe!
Du bist das Brot, das wir essen.
Du bist das Haus, worin wir wohnen.
Du bist die Lunge, durch die wir atmen.
Du bist das Paradies, in dem wir uns
mit Blumen und Vögeln am Leben freuen.
Bleib uns Menschen nahe, liebe Natur!

Der Herbst fängt an.
Ich sehe es im Garten, an den Bäumen und Büschen.
Ich spüre es an der Luft und den eigenen Gliedern.
Der Sommer ist unwiderruflich vorbei.
Gegen den Herbst ist kein Kraut gewachsen.
Aber der Herbst ist schön und kann so reich
an Farben sein.
Die letzten Freuden des Lebens sind stiller,
aber auch tiefer.
So will ich den Herbst ruhig zu mir kommen lassen.

Weine, Mutter Erde,
vor lauter Gram über das Leben,
das du hervorgebracht hast.

Du hast das Leben still und verborgen
in deinem Schoß gewärmt.
Du warst fruchtbar in Millionen Gewächsen.
Millionen Tiere spielten auf deiner Haut,
im Grün des Grases und in der Tiefe des Ozeans.
Eine Unzahl von Vögeln, Faltern und Fliegen
ließest du spielen in Wäldern und Wiesen
und tanzen in allen Lüften.

Weine, Mutter Erde,
vor lauter Gram über die Schande,
die der Mensch dir angetan.

Sie haben Raubbau mit den Rohstoffen getrieben,
die Jahrmillionen brauchten,
um sich in deinem Schoß zu bilden.
In gieriger Hast sind sie daran,
dich bis zum Letzten auszuplündern
und den Reichtum ihrer eigenen Kinder
und Kindeskinder zu verprassen.

Weine, Mutter Erde,
vor lauter Gram über den Frevel,
in den der Mensch verfallen.

Applaus
für Tag und Nacht

Ich wünsche dir
den Mut der Morgensonne,
die über dem Elend dieser Welt
dennoch Tag für Tag aufgeht.

Nimm an, was dieser Tag dir gibt:
das Licht dieses Tages,
die Luft und das Leben,
das Lachen dieses Tages,
das Weinen und das Spielen,
das Wunder dieses Tages.

Heute ist der Tag, um glücklich zu sein!
Kein anderer Tag ist dir gegeben als der Tag von heute,
um zu leben, um fröhlich und zufrieden zu sein.
Wenn du heute nicht lebst, hast du den Tag verloren.

Verdüstere deinen Geist nicht mit Angst und Sorgen von morgen.
Beschwere dein Herz nicht mit dem ganzen Elend von gestern.
Lebe heute!

An das Gute von gestern magst du getrost denken.
Träume auch von den schönen Dingen,
die morgen kommen mögen.
Aber verliere dich nicht ins Gestern oder ins Morgen.

Gestern: schon vorbei.
Morgen: kommt erst noch.
Heute: der einzige Tag, den du in der Hand hast.
Mach daraus deinen besten Tag!

Herr, gib mir ein wenig Sonne.
Gib mir ein Lächeln für diesen Tag.
Gib mir die Augen eines Kindes.
Herr, gib mir ein bisschen Freude.

Steig jeden Morgen aus deinem Bett
mit einem solchen Gebet.
Schau nicht so schrecklich ernst,
schwerwiegend und düster drein.
Ich weiß, dass du dich vielleicht
mit einem Haufen von Problemen
herumzuschlagen hast.
Aber blas sie nicht noch auf
zu schwarzen Riesenwolken,
die den ganzen Himmel verfinstern.
Du musst kein Super-Optimist sein,
aber für einen Schwarzseher
sieht selbst die Sonne schwarz aus.

Wünsch dir die Augen und das Herz eines Kindes,
das quietschvergnügt
über den verbotenen Rasen rennt,
das über einen kleinen Fisch jauchzt,
der durchs Wasser huscht,
das nach den Sternen fragt,
wer sie angezündet hat,
und das dich niemals gern hat
wegen deines dicken Portemonnaies,
sondern weil du spielen kannst,
Geschichten erzählen und Lieder singen.

Jeden Tag neu leben!
Neu bist du, wenn du staunst,
weil jeden Morgen neu das Licht da ist;
wenn du glücklich bist,
weil deine Augen sehen,
deine Hände fühlen, dein Herz schlägt.

Neu bist du, wenn du weißt,
dass du lebst; wenn du denkst,
dass heute der erste Tag
vom Rest deines Lebens beginnt.

Neu bist du, wenn du mit reinem Blick
auf Menschen und Dinge schaust,
wenn du noch lachen kannst,
wenn du dich freuen kannst
über die einfachen kleinen Blumen
am Weg deines Lebens.

Zeit ist keine Schnellstraße
zwischen Wiege und Grab,
sondern Platz zum Parken in der Sonne.

Heute leben!
Heute lächeln!
Heute glücklich sein!

Nimm dir Zeit, um glücklich zu sein!
Du bist ein Wunder, das lebt,
das auf dieser Erde wirklich ist.
Du bist einmalig, einzigartig,
nicht zu verwechseln.
Weißt du das?

Warum staunst du nicht,
bewunderst du nicht,
freust du dich nicht über dich selbst
und über alle anderen um dich?

Ist es dir so selbstverständlich,
findest du nichts dabei,
dass du lebst, dass du leben darfst,
dass du Zeit bekommst,
um zu singen und zu tanzen,
Zeit, um glücklich zu sein?

Warum Zeit verlieren
mit sinnlosem Jagen nach Geld?
Warum sich haufenweise Sorgen machen
um Dinge von morgen und übermorgen?
Warum sich zanken, sich anöden,
warum so viel sinnlose Betriebsamkeit
und warum schlafen,
wenn die Sonne scheint?
Nimm dir ruhig Zeit,
um glücklich zu sein.

Es gibt gute und schlechte Tage.
Gute Tage gehen vorbei. Das weißt du
und das findest du schrecklich.
Aber schlechte Tage gehen auch vorbei!
Warum denkst du nicht daran
und warum tröstet dich das nicht?

Wir klagen manchmal über schlechte Zellen. Aber die Zeiten sind nur schlecht, wenn die Menschen schlecht sind. Gute Zeiten fallen nicht vom Himmel. Gute Zeiten können wir selbst machen, nicht mit Geld und Technik, sondern mit Güte und Herz. Nur gute Menschen machen gute Zeiten: wenn Wohlwollen herrscht; wenn Gewalt schweigt; wenn Wohlstand geteilt wird; wenn Menschen sich mögen; wenn Platz da ist für eine Blume und Zeit für ein freundliches Wort.

Zeit ist Geld, sagt man, und Geld der Nerv des Lebens, der Mist, auf dem alles wächst. Aber das ist eine Lüge. Vielleicht die größte Lüge des 20. Jahrhunderts. Kein Wunder, dass so viele festsitzen, fertig mit den Nerven. Sie finden keine Freude. Und sie suchen Geld, um das Glück zu kaufen. Sie wollen immer mehr Geld und sie wissen nie, wann sie genug haben. Sie machen sich kaputt im unerbittlichen Räderwerk der „Zeit ist Geld"-Maschine. Stell die Maschine ab, halt die Uhr an. Fülle die Zeit mit Liebe! Lebe!

Es gibt Vögel, die sitzen in einem Käfig gefangen,
und dennoch singen sie.
Du warst ein fröhlich zwitschernder Vogel
und nun sitzt du da mit einem gebrochenen Flügel.

Alles ist festgefahren, alles ist dunkel
wie in einer schwarzen Nacht.
Du weißt nicht mehr, ob du noch leben willst.

Aber dein Geist ist stärker als dein Leib.
Er zündet wieder ein Licht an,
vielleicht nur ein kleines Licht.
Aber du siehst doch wieder etwas.
Und dann sind Freunde da,
die dich mit dem Leben versöhnen.
Deine Frau, deine Kinder, deine Angehörigen:
Sie alle brauchen dich und dein Lächeln,
deine Gegenwart, deine Zuneigung.

Immer ist ein Weg da.
In jedem Stern ist so viel Licht
und in jeder Nacht sind so viel Sterne,
dass wir – auch wenn es ganz dunkel wird –
noch immer einen Weg finden werden
und dass wir für jene, die nicht mehr sehen,
zum Weg werden können.

Wenn alles finster erscheint,
wenn Bitterkeit dein Herz überschwemmt,
wenn alle Hoffnung verkümmert,
dann suche die schönen Tage in deiner Erinnerung.
Die Tage, da du voller Freude und Vertrauen warst;
die Tage, da alles gut war.

Vergiss die schönen Tage nicht!
Denn wenn du sie vergisst,
dann kommen sie niemals wieder.

Ich bin mit den Nerven fertig.

Die Klage unserer Tage.
Wir leben alle zu gehetzt und gejagt.
Wir haben den Sinn verloren
für Stille, Ruhe, für die Nacht,
die Gott uns zur Erholung gab.
Gestörte Nächte machen gereizt
und Nervosität schafft neue Probleme.
Eine Nacht gut schlafen:
So löst sich manches Problem.

Versuch es einmal.
Warte bis zum anderen Tag,
um dich aufzuregen.
Und du wirst sehen, dass es meistens
nicht der Mühe wert war.

Leg dich nicht schlecht gelaunt ins Bett.
Geh mit einem Herzen schlafen,
das morgen wieder lieben kann.
Gute Nacht!

Applaus
für den Mut zum Menschsein

Einfach Menschsein, einfach leben.
In die Luft gucken, die Sonne sehen,
Blumen erblicken und in der Nacht die Sterne.
Kindern zuschauen, lachen, spielen;
tun, was Freude macht;
träumen, die Fantasie spielen lassen,
zufrieden sein:
Das Leben wird ein Fest.

Eine Blume braucht Sonne,
um Blume zu werden.
Ein Mensch braucht Liebe,
um Mensch zu werden.

Die wesentlichen Dinge des Lebens
sind umsonst.
Sie werden dir gratis gegeben:
Der Schoß deiner Mutter.
Eine Mutter, die singt.
Die Sonne und die Freundschaft.
Ein Platz am Tisch
und eine herzliche Umarmung.
Das Licht des Frühlings.
Das Lachen eines Kindes.
Das Lied eines Vogels.
Das Plätschern des Baches.
Der Saft in den Bäumen.
Die Wogen des Meeres.
Der Tag und die Nacht.
Die Ruhe und die Stille.
Der siebte Tag.
Das Leben und das Sterben.
Das Menschsein auf Erden.

Leben heißt:
Menschen und Dinge umarmen
und wieder loslassen,
dass sie grünen und blühen
vor Gottes Angesicht.

Leben heißt:
Dankbar sein für das Licht
und die Liebe,
für die Wärme und Zärtlichkeit,
die in Menschen und Dingen
so einfach gegeben sind.

Leben heißt:
Alles ansehen als Gottes Gabe,
alles seine Gabe sein lassen,
nichts und niemand besitzen
und jauchzen über jeden Stern,
der vom Himmel fällt.

Auf dem Gipfel des Wohlstands
stirbst du als Mensch.
Vielleicht bist du schon tot?
Gestorben an der Gier nach Geld,
besessen von deinem Besitz?

Mach dich zum Leben auf!
Den Kopf reinigen
von der Jagd nach immer mehr.
Das Herz entwirren
von den tausend Verstrickungen
an törichte Begierden.
Löse dich von Dingen,
die du nicht brauchst.

Was wir sind,
ist unendlich wichtiger, als was wir haben.
Mehr als Geld brauchen wir Liebe.
Wirklich Mensch werden
können wir allein in Liebe.
Liebe ist die Kaufkraft des Glücks.

Der Mensch braucht Stille,
aber der Fortschritt gab ihm Lärm.
Der Mensch braucht Güte,
aber der Fortschritt brachte Konkurrenz.
Der Mensch braucht Gott,
aber der Fortschritt gab ihm Geld.

Ein bisschen Liebe
kann wie ein Tropfen Wasser sein,
der einer Blume die Kraft gibt,
sich wieder aufzurichten.

Ein bisschen Liebe
kann einen Menschen heilen.
Einen Menschen heilen heißt, ihm helfen,
den verlorenen Mut zurückzufinden.

Ich glaube an das Gute,
auch wenn so viele Menschen
vom Bösen heimgesucht werden.

Ich glaube an das Schöne,
auch wenn das Hässliche in der Welt wuchert
und die Verschmutzung tief in den Menschen dringt.

Ich glaube an die Liebe,
auch wenn man an Feindschaft festhält
und den Hass anstachelt.

Warum siehst du immer auf die andere Seite? Warum denkst du immer, dass die anderen, Freunde, Bekannte, Nachbarn, viel mehr Glück haben? Du sagst so leicht: Anderen geht es viel besser. Und ich tu' mein Bestes und komme doch zu nichts.

Das andere Ufer ist immer schöner. Es liegt weiter weg und du starrst wie versteinert nach dem schönen Schein. Hast du je daran gedacht, dass auch die am anderen Ufer auf dich schauen und denken, du hättest viel mehr Glück, denn auch sie sehen nur deine Schokoladenseite. Deine kleinen und großen Sorgen, die kennen sie nicht.

Glücklich leben ist eine große Kunst. Dein Glück liegt nicht am anderen Ufer. Es liegt in dir.

Wir haben ein junges Herz, solange
wir das Leben gern haben,
wie es sich jeden Tag präsentiert,
das Leben mit seinen guten
und mit seinen schlechten Seiten.
Wir haben ein junges Herz, solange
wir die Menschen gern haben
und solange wir ihnen alles gönnen,
was wir selbst vielleicht vermissen.
Wer mit einem jungen Herzen alt
wird, der weiß mit einer stillen Fröh-
lichkeit die vielen kleinen und
großen Beschwerden der alten Tage
anzunehmen.
Er weiß um den Sinn des Lebens
und des Sterbens.
Er weiß, wie kurz und wie klein
alles auf dieser Erde ist,
und er hat Hoffnung
auf ewiges Leben.

Applaus
für Herz und Humor

Niemand hat Zugang
zum Geheimnis des Menschen, nur das Herz.
Es gibt nur einen Weg zum Mitmenschen,
den Weg des Herzens.
Alle anderen Wege sind Umwege.

Wenn du einzig und allein an der Oberfläche lebst,
wenn dich nur dein Äußeres interessiert,
deine Aufmachung, dein Aussehen und dein Ansehen,
dann hängt dein Glück an einem launischen Pendel:
heute glücklich – morgen unglücklich,
heute in Stimmung – morgen verzweifelt.

Geh in dich hinein! Tu etwas für dein Inneres,
für die Inneneinrichtung deines Herzens.
Da sind die Kräfte und Stimmungen,
die dich verwirren oder überglücklich machen.

Ich brauche nichts zu besitzen,
um an allem Freude zu haben.
Es gibt so viel zu entdecken,
wenn ich auf die kleinen Dinge sehe
und auf die kleinen, einfachen Menschen.
Es gibt so viele Überraschungen und Wunder,
die ich entdecke mit offenen Augen
und mit geschlossenen Augen.
Es liegt in allen Dingen eine Erinnerung
an das verlorene Paradies.

Um leben zu können, musst du genießen können. Ich meine nicht die Genusssucht, die so viele Menschen krank und zu Sklaven macht, die so viele Menschen ins Unglück stürzt. Um genießen zu können, musst du frei sein. Frei von Gier, frei von Neid, frei von einer Leidenschaft, die dich zerreißt und zerstört.

Wenn du genießen kannst, kannst du lachen. Du freust dich. Du bist dankbar, dass jeden Morgen die Sonne für dich aufgeht. Du kannst selig sein über ein weiches Bett und über eine warme Wohnung. Du triffst freundliche Menschen. Die Freundschaft Gottes kommt dir entgegen in jedem Lächeln, in jeder Blume, in jedem guten Wort, in jeder Hand, in jeder Umarmung. Wenn du kleine Dinge in aller Ruhe genießen kannst, dann wohnst du in einem Garten voller Seligkeit.

Nur ein glücklicher Mensch
kann andere Menschen glücklich machen.

Wenn wir glücklich sein wollen,
müssen wir einen Preis dafür zahlen.
Der Preis für unser Glück:
dass wir uns selbst geben,
nicht mehr und nicht weniger.

Sich selbst geben,
das geht nicht mit Fanatismus
oder aus Geltungsbedürfnis,
auch nicht als lästige Pflicht
oder als verkrampftes Opfer.
Es kann nur frei geschehen,
fröhlich und aus Liebe.
Und dann ist mein Glück da:
als Schatten meiner Liebe.

Das Glück des Menschen –
ich habe seine tiefsten Gründe gesucht
und das habe ich herausgefunden:
Der Grund liegt nicht im Geld
oder Besitz oder Luxus,
nicht im Nichtstun oder Geschäftemachen,
nicht im Leisten oder Genießen.
Bei glücklichen Menschen fand ich immer
tiefe Geborgenheit als Grund,
spontane Freude an kleinen Dingen
und eine große Einfachheit.

Was ist ein verlorener Tag?
Ein Tag, an dem du nicht gelacht hast.

Ein fröhliches Gesicht
und schon lacht die Sonne.

Es gibt eine Traurigkeit, die kommt,
wenn wir zu sehr an uns selbst
und an materiellen Dingen kleben.
Wir fangen an, uns zu bedauern:
wie schwer doch alles ist
und wie schlecht es gerade uns geht!

Dabei gibt es so viele Bäume
und Blumen,
so viele Vögel und Schmetterlinge,
so viele Wiesen und Wälder
und so viele Wunder um uns herum,
die nur darauf warten, einen Menschen
von seiner Traurigkeit zu heilen.
Lerne die Namen der Bäume
und Blumen,
die Namen der Vögel und Fische
und den Namen Gottes.

Öffne deinen Geist für das Licht.
Öffne dein Herz für die Freude.

Wenn alles so traurig ist,
dass keiner mehr lachen kann,
und alles so aussichtslos,
dass es nichts mehr zu lachen gibt,
dann kann allein der Humor
immer noch ein Lächeln hervorzaubern.
Nicht weil es Freude gibt,
gibt es Humor, sondern dort,
wo alle Freude gestorben ist,
an den dunklen Tagen voller Ängste,
gerade dort lebt der Humor.

Humor hilft, trotz allem zu lachen.
Humor findet man nicht
durch krampfhaftes Suchen.
Humor ist ein Geschenk.
Humor lässt den Kopf lachen,
während das Herz weint.
Man entdeckt plötzlich,
wie Elefanten Mäuschen gebären,
wie aufgeblasen Menschen sind,
die andere heruntermachen.
Und man wird weniger empfindlich.

Applaus
für dich und die anderen

Mensch, ich hab' dich gern.
Es ist kein zweiter so wie du.
Einzigartig bist du, einmalig,
ganz ursprünglich und unwiederholbar.
Meinetwegen musst du nicht
unfehlbar sein,
ohne Fehler und vollkommen, denn:
Ich hab' dich doch gern.

Lieben ist leben mit anderen!
Leben mit anderen heißt:
Mit ihnen muss ich alles teilen.
Ihnen darf kein Leid durch mich geschehen.
Ich muss sie annehmen, ich muss sie anerkennen,
ich muss sie lieben.

Ohne die anderen ist Leben,
Lieben, Glücklichsein eine Utopie.
Durch tausend Fäden sind wir miteinander verbunden.
Ein Leben hängt am anderen,
kein Leben entfaltet sich ohne die anderen.

Ich kann mich nur entfalten durch sie, die anderen.
Ich brauche sie nicht nur,
weil sie so viel für mich bedeuten.
Ich brauche sie auch, weil ich so viel für sie tun kann.

Cartier
Cartier

Jeden Tag begegnen wir Herrn Ich.
Herr Ich ist leicht zu erkennen.
Er sagt immer: Ich, ich, ich.
Herr Ich ist voll von sich.
Seine Worte sind die wichtigsten,
seine Gedanken die besten,
seine Erlebnisse die aufregendsten,
seine Wünsche die dringendsten,
seine Leiden die schlimmsten.
Alles dreht sich um ihn.
Wo er ist, ist der Mittelpunkt der Welt.
Herr Ich ist sehr beschäftigt.
Er hat nie Zeit für andere.
Herr Ich wohnt in jedem Menschen.

Setzen wir diesen Egoisten vor die Tür!
Fühlen wir mit unseren Mitmenschen,
teilen wir ihre Freuden und Leiden.
Wir Menschen gehören zusammen,
wir sind füreinander unentbehrlich.

Es gibt Menschen, die bekommen niemals ein anerkennendes Wort, niemals ein freundliches Lob. Sie machen die mühsamsten Arbeiten und jeder findet das selbstverständlich. In aller Stille tun sie tausend kleine Dinge im Haus, im Büro, im Betrieb. Und da ist keiner, der das sieht. Aber wenn es einmal nicht geschieht oder wenn sie einen falschen Schritt tun, dann hat es jeder gesehen. Die Fehler werden ihnen vorgezählt und ihnen auf den Rücken gebunden.

Zu viele Menschen gehen darum gebückt in einer Gesellschaft, die nicht fragt nach Hilfsbereitschaft und Güte, Zuverlässigkeit und Treue. Zu viele Menschen fühlen sich ausgenutzt und abgeschrieben. Sie haben keine Arbeitsfreude mehr und auch keine Lebensfreude. Niedergedrückte Menschen sitzen fest und wissen nicht mehr weiter. Sie müssen Flügel bekommen. Mit Flügeln wird das Leben leichter. Mit Flügeln wird alles beschwingter. Ein anerkennendes Wort kann sie beflügeln.

Lob ist wie eine Feder. Von Zeit zu Zeit ein Lob und Menschen bekommen Flügel.

Es gibt noch Engel – mitten unter uns.
Sie haben keine Flügel,
aber ihr Herz ist ein sicherer Hafen
für alle, die in Not geraten sind
durch die Stürme des Lebens.
Es gibt noch Engel.
Sie leben und arbeiten für Menschen,
die weniger Glück hatten.
Sie zählen die Stunden nicht
und ihre Liebe zu den Menschen ist größer
als ihr Streben nach Geld und Besitz.
Sie reichen ihnen die Hände
und bieten ihre Freundschaft an.
Sie machen Zimmer sauber
und decken den Tisch.
Sie gehen mit Einsamen spazieren.
Sie kümmern sich um Arbeitsplätze.
Sie gehen in Gefängnisse.
Sie sorgen für eine warme Wohnung.
Sie streichen an und reparieren.
Wenn sie nicht wären, würden viele
keinen Tisch, kein Bett, keine Hilfe
und keine Freundschaft gefunden haben.
Viele Herzen wären vor Kälte gestorben.

Du kannst alles in der Welt verändern,
nur andere Menschen nicht.
Das können nur sie selbst.
Jahrhunderte verbrachten Menschen
mit gewaltsamen Versuchen,
andere zu verändern – ohne Ergebnis.
Das ist die große Vergeblichkeit der
Geschichte.
Nur wenn Menschen sich selbst verändern,
werden andere Menschen sich selbst
verändern.

Die Sonne am Himmel
unseres gemeinsamen Lebens
wird verdunkelt
durch Wolken von Misstrauen,
durch Nebel von Unaufrichtigkeit,
durch Verdächtigung und Verstellung,
durch die Nacht von Wut und Hass.

Versöhnung: die einzige Hand,
die die Wolken geduldig verdrängt.
Versöhnung: das erste Licht am Morgen,
das die Nacht allmählich vertreibt.
Versöhnung: der Schlüssel,
der undurchdringliche Türen
endlich wieder öffnet.

Mein Mitmensch, der auf meine Liebe wartet,
der meine Anerkennung und Freundschaft braucht.
Mein Mitmensch, dem ich helfen kann,
jeden Tag aufs Neue, mit einem freundlichen Blick,
mit einem guten Wort,
mit einer aufmerksamen Hand:

Er wohnt nicht hinter den Bergen,
er wohnt nicht jenseits der Meere.
Mein Mitmensch ist hier!
Warum suche ich ihn so weit weg?

Freundschaft:
In deinem Herzen leben Menschen,
die da zu Hause sind
und die da wohnen bleiben,
auch wenn sie tot sind.
Wer die Freundschaft verweigert,
wohnt in einem Land ohne Blumen.

Du kannst alles aushalten und durchstehen,
wenn ein Freund dir zur Seite ist.
Und wenn er auch weiter nichts tun kann,
als ein Wort sagen oder deine Hand halten.

Ein Freund in deinem Leben
ist der kräftigste Trost in aller Not.
Ein Freund ist wahre menschliche Güte,
in der du ein Zeichen göttlicher Güte spürst.

Ein Freund in deinem Leben
ist wie Brot und Wein.

Applaus
für Liebe und Zärtlichkeit

Lieben heißt:
ein Haus bauen für deinen Mitmenschen,
als ob jeder, der darin wohnen soll,
für dich der Allerliebste ist.

Lieben heißt:
Menschen und Dingen Atem einhauchen,
der aus dem eigenen Herzen kommt,
und sie so zum Leben bringen.

Liebe ist der einzige Schlüssel,
der zu den Türen des Paradieses passt.
Es liegt ein Stückchen Paradies
in jedem Lächeln, in jedem guten Wort,
in der Zuneigung, die du verschenkst.
Es liegt ein Stückchen Paradies
in jedem Herzen, das für einen
Unglücklichen zum rettenden Hafen wird,
in jedem Zuhause mit Brot und Wein
und mit menschlicher Wärme.
Es liegt ein Stückchen Paradies
in jeder Oase, wo Liebe blüht
und Menschen Mensch geworden sind,
füreinander Brüder und Schwestern.
Gott hat seine Liebe in deine Hände gelegt
wie einen Schlüssel zum Paradies.

Die Liebe ist wie die Sonne.
Wer sie hat, dem kann vieles fehlen.
Wem die Liebe fehlt, dem fehlt alles.

Die Sonne ist für viele
das Gewöhnlichste von der Welt.
Und dabei wirkt sie Wunder Tag für Tag.
Licht und Feuer macht sie an –
für mich.
Gegen Wolken geht sie an –
um mich zu sehen,
um mir Guten Tag zu sagen.
Des Nachts ist sie am anderen Ende der Erde,
um den Menschen auch dort ihr Licht zu schenken.
Nehm' ich die Sonne weg,
wird es finster und kalt.

So ist es mit der Liebe.
Geht die Liebe auf in meinem Leben,
dann kommt Licht, dann wird es warm.
Habe ich Liebe, dann kann mir vieles fehlen.
Geht die Liebe unter in meinem Leben,
dann wachsen die schwarzen Schatten.
Finsternis macht sich breit und Kälte.

Mensch,
ich hab' dich gern!

Sag es weiter
mit Worten oder ohne Worte,
mit einem Lächeln,
mit einer Geste der Versöhnung,
mit einem Händedruck,
mit einem Wort der Anerkennung,
mit einer Umarmung,
mit einem Kuss,
mit einem Stern in deinen Augen,
mit tausend kleinen Aufmerksamkeiten.
Sag es jeden Tag aufs Neue:
„Ich hab' dich so gern.“

Wie kommen zwei Menschen zusammen, so eng zusammen, dass sie in stiller Zuneigung oder in leidenschaftlicher Begeisterung gemeinsam durchs Leben gehen wollen? Es ist ein großes Geheimnis. Man kann nicht sagen, was die beiden so zueinander zieht. Vielleicht ein Blick, eine Bewegung, ein Lachen. Bei jeder Begegnung schlug das Herz schneller. Man träumte voneinander und man beschloss, miteinander zu wohnen. Man fühlte sich zu Hause, geborgen in dem großen Geheimnis, das die Menschen „Liebe" nennen. Man wuchs mit dem Leben des anderen zusammen, so wie zwei Zweige an einem Stamm und aus einer Wurzel wachsen.

Aber der Lebensweg ist lang. Nicht jeden Tag läuten die Festglocken. Die erste Begeisterung geht vorüber und es kommen viele eintönige Tage. Man merkt mit der Zeit immer mehr, dass der andere nicht nur gute Seiten hat. Du ärgerst dich und denkst vielleicht: Ich habe mich geirrt.

Aber du hast dich nicht geirrt. Du bist nur ein Mensch wie alle anderen Menschen auch. Alles Leben unterliegt dem Rhythmus von Tag und Nacht, Hoch und Tief, Ebbe und Flut. Jedes Jahr wird es Frühling und Herbst, Sommer und Winter. Hab Geduld, viel Geduld mit dir selbst und noch mehr mit dem anderen. Verlass niemals das Haus der Liebe und Treue.

Die Leidenschaft der Liebe kann losbrechen wie ein Sturm, der Menschen entwurzelt. Seine Gewalt treibt die einen zusammen und die anderen auseinander. Aber eines Tages legt sich auch der heftigste Orkan. Dann wird das Ausmaß der Zerstörung sichtbar. Wenn der Sturm losbricht, gerate nicht in Panik, lass nicht alles los. Halt dich an den Wurzeln fest. Warte und hab Geduld, endlos Geduld. Der Sturm wird vorübergehen, echte Liebe wird bleiben.

Unsere Welt geht nicht zugrunde
aus Mangel an Wissen,
Sachverstand und Können,
sondern aus Mangel an Liebe.
Liebe setzt Dinge voraus,
die nicht mehr in Mode sind:
sich selbst beherrschen,
der Habgier nicht nachgeben,
den Egoismus überwinden.

Liebe heißt, Menschen lieben,
nicht die abstrakte Menschheit,
sondern den konkreten Menschen
gleich nebenan.
Gruppenegoismus,
nur seinesgleichen helfen,
ist keine Liebe.
Liebe heißt, aus sich herausgehen,
um für andere zu leben.
In der Ökonomie der Liebe
muss man mehr geben,
als man besitzt.
Man muss sich selbst geben.

Wenn zwei Menschen sich lieben
und wenn sie wollen, dass Liebe bleibt,
müssen sie dieselbe Richtung wählen.
Erst wenn sie auf demselben Weg gehen,
werden sie sich immer näherkommen.

Wer meint, um sich gern zu haben,
müsse man sich den ganzen Tag festhalten,
weiß nicht, was Liebe ist.

Sei sanft, zieh Güte an!
Lass keinen Menschen stehen in der Kälte.

Du weißt, wie klein, wie arm,
wie einsam die Menschen sind,
wie empfindlich und verletzlich.
Du weißt, dass es Tränen gibt, und keiner kann trösten.
Du weißt, dass kaum größere Traurigkeit ist
als in einem Herzen, das keiner versteht.
Du weißt, für manche Menschen
ist das Leben eine unerträgliche Qual.

Sei sanft!
Tu dein Bestes, um Menschen zu helfen.
Geh hinein in ihr Leid, in ihre Verlassenheit.
Steig herab von dem Hügel deiner Selbstgenügsamkeit
ins Tal der Menschen, die allein sind und die leiden,
zu den Menschen in der Ebene
ohne Schutz und ohne Geborgenheit.
Sei nicht hart, auch nicht hart in deinem Urteil.

Liebe: keine Erfindung von Menschen.
Eine Erfindung Gottes.

Überall, wo Menschen lieben,
ist Gott am Werk,
ist Gott gegenwärtig.
Wer in Liebe lebt,
ob gläubig oder ungläubig,
lebt bewusst oder unbewusst
im magnetischen Feld
eines Gottes, der Liebe ist.

Applaus
für eine neue Welt

In der Wüste bist du nicht verloren,
wenn du glauben kannst an die Oase.

Wir haben die Welt zu einem Pulverfass gemacht, voll von atomarem Sprengstoff. Wir haben die Welt vergiftet: tote Fische in toten Gewässern, sterbende Bäume in sterbenden Wäldern. Wir haben die Welt geplündert: Vergeudung der Rohstoffe, Verschwendung der Nahrungsmittel in den reichen Ländern und bitterstes Elend bei den Armen.

Die Welt: eine Wüste. Wer wird sie retten? Nicht die Generäle, nicht die Politiker, nicht die Technokraten! Die Welt-Wüste kann nur gerettet werden durch Oase-Menschen. Menschen mit einem neuen Bewusstsein für die Werte, die uns durch den Fortschritt geraubt wurden. Nicht andere Menschen, sondern veränderte Menschen. Menschen, die einfacher leben, zufriedener, menschlicher.

Mitten in der Wüste wächst die Oase. Oase-Menschen machen keine Revolution. Oase-Menschen sind die Revolution.

Lasst uns eine Oase sein, wo man begeistert ist vom Leben, von jedem Leben, auch von dem Leben, das sehr viel Mühe kostet.

5

Alles wird neu.
Niemand sieht es. Niemand hört es.
Aber im Stillen kann es jeder spüren.
Es weht ein neuer Geist über die Welt.
Ein Geist der Solidarität.
Ein Geist der Liebe.
Der Geist Gottes.
Niemand kann ihn aufhalten.
Er dringt durch Türen und Fenster,
durchdringt alle Mauern
und verändert Menschen und Dinge.
Alles wird neu.

Menschen suchen die gleiche Wellenlänge.
Menschen verfolgen die gleiche Spur.
Sie kommen von überall her,
aus allen Klassen und Schichten.
Menschen aus allen Berufen,
Menschen aus allen Generationen.
Niemand hat sie gerufen.
Sie rufen einander.
Menschen finden wieder Wärme,
einen Tisch und ein Dach,
Brot und Wein,
ein Haus mit einem Lied am Abend,
einc große Familie.
Alles wird neu.

Keine Linken mehr.
Keine Rechten mehr.
Keine Gegner mehr.
Menschen sind füreinander
Mensch geworden.

Die meisten Menschen wollen
die Welt verändern,
nur nicht sich selbst.
Die anderen müssen sich verändern.
Die da oben, sagen die unten.
Die da unten, sagen die oben.
Die Männer, sagen die Frauen.
Die Frauen, sagen die Männer.
Wir fangen an, zu drohen und Druck zu machen.
Wir begreifen so schwer,
dass keiner ein Recht hat,
andere zur Änderung zu zwingen.
Nur Überzeugung, nur Einsicht, nur Freundschaft
kann andere zur Änderung bringen.
Der Mensch ist das einzige Wesen,
das sich selbst zu verändern vermag.
Wenn sich die Menschen nicht ändern,
ändert sich nichts.

Die Welt verändern?
Das fange ich immer wieder an –
bei mir selbst.

Wir sitzen alle im gleichen Boot.
Wir müssen zusammen fahren.

Alle Menschen – Brüder, Schwestern
im selben Schiff,
Menschen, die zusammen fahren …
Die Sonne tanzt am Himmel,
die Fische tummeln sich im Wasser.
Ein herrlicher Traum.

Alle Menschen – Brüder, Schwestern
im selben Weltenschiff.
Schwache und Starke, Schwarze und Weiße,
Große und Kleine, Arme und Reiche:
Menschen, die zusammen fahren.
Keiner wird über Bord geworfen.
Keiner landet im Abstellraum.
Keiner fängt Streit an um die Kommandobrücke.
An Bord dieses Schiffes
ist jeder sicher und geborgen.
Ein herrlicher Traum!

Warum muss ich aufwachen
und ein schwarzes Schiff sehen,
schwer zugerichtet, steuerlos?
Warum muss ich verzweifelte Rufe hören
nach Menschen,
die ein Herz haben für Menschen?

Wir brauchen einen neuen Frühling, einen Frühling des Geistes, einen Frühling des Herzens. Wir sind vom Wohlstand übersättigt und betäubt. Wir müssen aufstehen. Mit einem neuen Geist und einem neuen Herzen.

Steh auf aus der Nacht deiner Mutlosigkeit und deiner Lebensmüdigkeit zu einem neuen Morgen voller Sonne, voller Vögel und Blumen. Wach auf aus dem Winterschlaf deines lustlosen Daseins zu einem neuen Frühling. Steh auf! Gott hat Auferstehung in jedes Blatt eines jeden Baumes geschrieben. Also sicherlich auch in dein armes Menschenherz.

Ich glaube an einen neuen Weltfrühling,
wenn jeder Soldat, wo immer gekämpft wird,
seine Waffen niederlegt und zum sichtbaren
oder unsichtbaren Feind hinüberruft:
„Mensch, ich hab' dich doch gern.
Ich kann dir nichts Böses tun.“

Ich glaube an das Wunder, dass in jedem Haus,
in jeder Stadt einer zum anderen sagt:
„Mensch, ich hab' dich gern.
Ich will alle bitteren Worte aus meinem Mund weglegen
und mein Herz mit Güte füllen und meine Hände
mit der Gabe der Freundschaft.“

Wir müssen neue Wege gehen:
den Weg des Saatkorns.

Das Saatkorn sieht die Ähre nicht.
Das Los derer, die Leben geben,
ist es, gerade daran zu sterben.
So wie ein Getreidekorn,
eine Saatkartoffel, ein Fruchtkern
und ein jedes Samenkörnchen,
aus dem neues Leben wächst.
Es stirbt ab, wird abgestoßen und vergessen.
So soll ein guter Mensch
immer darum wissen, dass er bei allem,
was er zum Leben bringt, abstirbt
und in Stille abgestoßen wird,
weil er entbehrlich geworden ist.
Sich hiermit zu versöhnen
ist wahre Lebenskunst,
denn in dieser Versöhnung,
in der vollen Zustimmung
zu diesem Sterben
liegt die allerreichste Frucht verborgen,
die Frucht tiefer Freude am Leben.

Das Heimweh nach
dem verlorenen Paradies
ist dem Menschen
ins Herz geschrieben.
Menschen sind ihr Leben
lang auf der Suche
nach dem Strom,
der ans andere Ufer trägt,
nach dem endgültigen Zuhause.
Die Liebe ist das Haus,
in dem wir ewig wohnen.

Bildnachweis

Titelbild: Vladimir Sazonov/fotolia, S. 5: Poppy field/fotolia, S. 9: Lijuan Guo/shutterstock.com, S. 10: Matthew Dixon/shutterstock.com, S. 13: KieferPix/shutterstock.com, S. 14: Poznukhov Yuriy/shutterstock.com, S. 17: doris oberfrank/fotolia, S. 18: tsach/fotolia, S. 21: ldambies/shutterstock.com, S. 22: tairen/shutterstock.com, S. 24-25: Jpchret/fotolia, S. 27: Jag_cz/fotolia, S. 29: Nordreisender/fotolia, S. 30: norikazu/fotolia, S. 32: Alzbeta/shutterstock.com, S. 35: Patrick Foto/shutterstock.com, S. 36-37: Elena Elisseeva/shutterstock.com, S. 38: MARGRIT HIRSCH/shutterstock.com, S. 40: Anna-Mari West/shutterstock.com, S. 43: wayne_0216/fotolia, S. 44-45: ollirg/shutterstock.com, S. 46: Sunny studio/shutterstock.com, S. 48: Grecaud Paul/fotolia, S. 50-51: Thaut Images/fotolia, S. 53: Thierry RYO/fotolia, S. 54: Dar1930/fotolia, S. 56: Tesgro Tessieri/fotolia, S. 58-59: Zeljko Radojko/shutterstock.com, S. 60: Shaiith/shutterstock.com, S. 63: Ttstudio/fotolia, S. 65: gentelmenit/fotolia, S. 66 Maya Kruchankova/shutterstock.com, S. 68: kiya-nochka/shutterstock.com, S. 70-71: Soru Epotok/fotolia, S. 72-73: Kemeo/shutterstock.com, S. 74: Daniel Kühne/fotolia, S. 77: defender06/fotolia, S. 78: michaelfitz/fotolia, S. 81: frenta/fotolia, S. 82: doble.d/fotolia, S. 84-85: Perfect Gui/shutterstock.com, S. 86: jessivanova/fotolia, S. 89: azureus70/fotolia, S. 90: OlgaLIS/fotolia, S. 92: minzpeter/fotolia, S. 95: Marmel/fotolia, S. 97: Africa Studio/fotolia, S. 98-99: Aliaksei Lasevich/fotolia, S. 100: vladimirs/fotolia, S. 102-103: mojolo/fotolia, S. 105: Paul Aniszewski/shutterstock.com, S. 107: Mayovskyy Andrew/shutterstock.com, S. 108-109: gkuna/shutterstock.com, S. 110: Matthijs Wetterauw/shutterstock.com, S. 113: Jürgen Fälchle/fotolia, S. 115: Yuriy Kulik/shutterstock.com, S. 116: Dora Zett/shutterstock.com, S. 119: cdr/fotolia, S. 120: Konstiantyn/fotolia, S. 122: eyetronic/fotolia, S. 124-125: AlenKadr/shutterstock.com, S. 126-127: beboy/shutterstock.com, Grafik (Mohnblumen): Mari79/fotolia© Verlag

Herder GmbH,
Freiburg im Breisgau 2015

www.herder.de

Gesamtgestaltung: griesbeckdesign, Dorothee Griesbeck, München
Satz: Arnold & Domnick GbR
Herstellung: Graspo CZ a.s., Zlín

Printed in the Czech Republic

ISBN 978-3-451-34776-4